Les Mémoires d'Aurélie

Les Mémoires d'Aurélie
Souvenirs d'une jeune alsacienne sous l'occupation 1939-1945

Aurélie Kaiser-Kippelen

Water Oak Press

Published by Lulu.com

Copyright © 2008 Aurélie Kaiser-Kippelen

Tous droits de traduction, reproduction et adaptation réservés pour tous pays.

ISBN 978-0-615-25325-1

Photo de couverture : Famille Kaiser

*Je dédie ce récit à mes enfants, Bernard et Colette,
à leurs époux respectifs, Virginie et Joseph,
et à mes petits enfants, Léo, Clara et Thomas.*

Avant propos

Ce récit relate les événements chaotiques de ma vie de petite fille entre l'âge de neuf et quatorze ans pendant la deuxième guerre mondiale. Il constitue une succession de petites histoires, parfois drôles, parfois tristes. Il relate aussi l'histoire de ma famille dans une région de la France, l'Alsace, qui a fait l'objet d'occupations allemandes successives. Imaginez : en 1850, ma grand mère naquit française, puis en 1891, ma mère naquit allemande ; en 1916, mon frère aîné naquit allemand, mais de 1919 à 1933, mes autres frères et sœurs – ainsi que moi-même – naquirent avec la nationalité française. De 1940 jusqu'à 1945, l'Alsace redevint allemande.

Quand j'étais petite, je rêvais de devenir une princesse, comme beaucoup de petites filles. Je me nourrissais des contes de fées que me racontait ma grande sœur Irène. La guerre vint vite mettre fin à mes rêves d'enfant. Le 1er septembre 1939, l'Allemagne envahissait la Pologne et deux jours plus tard, le 3 septembre 1939, la France et l'Angleterre déclarèrent la guerre à Allemagne. Peu de temps après, les soldats allemands firent irruption en Alsace, sans aucune résistance militaire. A partir de ce moment là, ma vie de petite fille fut bouleversée. J'ai vécu pendant cette période des moments extrêmement forts que je ne pourrai jamais oublier et que je voudrais vous faire partager.

Ma famille

Je suis née en 1931 à Osenbach, un petit village alsacien situé au sud-ouest de Colmar. Je suis issue d'une famille nombreuse et je suis la dixième de onze enfants : Adolphe (1916) était l'aîné ; puis naquirent Arsène (1919), Fernande (1920), Adèle (1921), Léon (1922), Irène (1924), Désiré (1925), Florentin (1926) et Clément (1928) ; Marie-Richarde (1933), ma plus jeune sœur, fut surnommée Maricharde.

Ma tante Adèle, la sœur de Mère, vivait sous notre toit, nous l'appelions Marraine. Elle avait douze ans de plus que Mère et était célibataire. Elle jouait un grand rôle pour nous, les enfants, car elle était très douce. Nous cherchions toujours protection et refuge chez elle quand nous faisions des bêtises et que Mère nous grondait. Notre mère était très autoritaire, ce qui, à mon avis, était nécessaire pour faire régner l'ordre dans la maison.

Mon père, Léon Kaiser, était maçon de métier et avait deux ouvriers sous sa charge. En automne et en hiver, il travaillait aux mines de potasse qui étaient alors en plein essor. C'était un travail pénible. Il n'y avait pas de bus de ramassage et c'était à bicyclette qu'il se rendait à

Wittelsheim, distant de quelques 30 kilomètres d'Osenbach.

Famille Kaiser : 1ᵉʳ rang de gauche à droite, Désiré, Clément, Mère, Marie-Richarde, Irène, Père, Aurélie, Florentin, Léon ; 2ᵉᵐᵉ rang de gauche à droite, Adèle, Arsène, Adolphe et Fernande.

Le soir, il rentrait exténué. De temps en temps, il passait les nuits chez sa sœur, notre tante Marguerite, qui habitait à Wittelsheim même. Il tomba malade à la suite d'un problème de valve cardiaque. A cette époque, les opérations à cœur ouvert ne se pratiquaient pas. Il mourut en 1940 d'un arrêt cardiaque. L'aîné des enfants avait 24 ans et la plus jeune sœur sept ans. J'avais à peine neuf ans.

Présages de guerre

Nous sommes en 1939, avant l'invasion allemande en Alsace. Les troupes françaises avaient élu domicile à Osenbach. Une armée de chars d'assauts s'entraînait sur les hauteurs du village, dans le lieu-dit du Bickenberg. Notre buanderie servait de quartier général pour les officiers. Nous avions constamment des militaires dans notre cour. Maricharde et moi étions toujours dans leurs jambes, mais nous ne pouvions pas communiquer avec eux parce que notre français était très approximatif. Le dialecte alsacien était la langue maternelle que nous parlions à la maison.

Mes parents accueillirent cette année là trois familles de Rouffach, qui avaient fui la ville sur les conseils d'un des membres de ces familles, un officier de l'armée française. D'après ses informations, Rouffach était sur la ligne de mire des bombardements allemands. Il avait averti ses proches de chercher refuge hors de la ville et ce fut ainsi qu'ils se retrouvèrent chez nous pour quelques semaines. Son épouse avait pris soin d'empaqueter les uniformes militaires et de les ramener à Osenbach ; nous avons tout dissimulé sous le plancher du grenier. Notre espace de vie se trouva tout d'un coup très restreint. Nous étions désormais dix adultes et quatorze enfants à partager le moindre mètre carré de la maison. Notre famille logeait au rez-de-chaussée. Les trois mamans avec leurs huit enfants ainsi qu'une grand-mère logèrent au premier étage. Les adolescents furent heureux de dormir dans les combles. Les papas se rajoutèrent les dimanches.

Les familles Henny, Franzi et Witz posent devant une des fontaines d'Osenbach avec une partie de notre famille. Ils logèrent plusieurs semaines dans notre maison.

Ces familles apportèrent avec elles des victuailles et je me souviens que les garçons n'hésitèrent pas à s'approprier l'un ou l'autre bocal de conserve de fruits, qui avaient été stockés au grenier. Pour faire passer leurs actes inaperçus, ils jetèrent les bocaux vides par la fenêtre qui donnait dans un étroit passage entre la maison et la grange voisine. Croyaient-ils vraiment que personne ne découvrirait les dégâts ? Malgré ce petit incident, nous vécûmes en harmonie les uns avec les autres et, aussi incroyable que cela puisse paraître, il n'y eut jamais la moindre plainte !

Les colonies de vacances

Ces trois familles logeaient encore chez nous quand Père et Mère annoncèrent à ma sœur Maricharde et moi qu'ils avaient décidé de nous laisser partir en colonie de vacances à Giens, dans le Var. Quelle joie nous nous faisions de faire un si long voyage ! Notre but était de bien apprendre le français pour pouvoir parler avec les militaires en rentrant. L'assistante sociale, Melle Breiss, était venue nous chercher à la maison pour nous mettre dans le train à Colmar, lieu de rassemblement. L'aventure ne faisait que commencer ! Durant notre séjour, les Allemands firent irruption en Alsace. Pour notre plus grand bonheur, nos vacances à Giens furent prolongées de cinq mois. Notre français s'améliorait de jour en jour. Nous ne comptions ni les semaines ni les mois, ce n'était pas notre souci. Nous avions fabriqué de nos mains des cabanes dans les pinèdes. Nous apprîmes à nager. Nous faisions de belles promenades sur la plage d'où nous pouvions observer une armada de cuirassiers et autres vaisseaux de guerre. Pour nous, les enfants, c'étaient des simples bateaux sur la mer, rien de plus. Personne ne nous avait parlé de guerre et de conflits, pour ne pas nous traumatiser, je suppose. Par contre quelques jours avant de quitter notre colonie de vacances, le directeur nous informa de la situation. Ce qui me choquait à l'époque, c'était de voir pleurer l'abbé quand il nous parlait de la guerre. Ce jour-là, il nous donna la bénédiction afin que le Bon Dieu nous protège pendant notre voyage de retour.

Au moment du départ, on nous colla un sandwich dans la main. Nous étions dans un train qui nous menait vers Dijon, la ligne de démarcation. Nous avons passé la nuit dans un local à la gare, qui faisait fonction de caserne. Je me souviens encore de cette odeur de sueur, mêlée à la fumée, ça sentait tellement mauvais ! Le lendemain nous nous sommes rendues à

Colmar où l'assistante sociale nous attendait pour nous mener auprès de notre famille dans le village d'Osenbach. Je vois encore Père et Mère qui nous attendaient sur le seuil de la maison. Mais une grande déception nous attendait : les militaires français avaient disparu et les Allemands avaient pris leur place. C'était triste et, en plus, nous ne savions plus parler alsacien. Tout était à l'envers, car le lendemain nous devions aller à l'école, où le français était banni.

Aurélie devant sa maison natale à Osenbach.

Le docteur Kubler, un très bon patriote français, était venu à la maison pour donner des soins à Père, qui était malade. Il avait été mis au courant de notre longue absence. Mère insista pour qu'on lui fasse une démonstration des chants patriotiques que nous avions appris durant notre colonie de vacances. Le docteur Kubler fut très ému ; il nous a embrassées, les larmes aux yeux.

L'enseignement en allemand

Nos grandes vacances forcées étaient terminées, nous reprîmes le chemin de l'école. Il y avait du changement. Nos bonnes sœurs enseignantes n'avaient plus le droit d'exercer leur métier, elles avaient été relogées au couvent. Les classes étaient mixtes et l'enseignement était médiocre. Les cours commençaient par le salut « *Heil Hitler* ». Plus un mot en français ! Nous étions totalement endoctrinés. « Adolphe Hitler, notre Führer, notre Führer Adolphe Hitler », c'était le leitmotiv qui reprenait à chaque début de cours le matin et l'après-midi. La première heure du matin était consacrée à la politique. « *Das Oberkommando der Wehrmacht gibt bekannt,* le haut commandement de la Wehrmacht vous informe de la situation de nos troupes. Nos troupes se situent aux portes de Reims » ; cela sonne encore à mes oreilles.

Le personnel enseignant venait d'Allemagne. En cinq ans d'école allemande, j'ai eu au moins sept enseignants, qui allaient du Maître à la Fraulein. On nous répétait quasiment tous les jours : « Plus un mot en français. » On nous infligeait une telle peur que nous n'osions même plus dire merci à la maison. Fernande a essayé de parler français à la maison mais la peur de la déportation était tellement présente qu'elle a finalement baissé les bras et arrêté.

Nos instituteurs allemands nous faisaient apprendre des chants à mélodies saccadées en l'honneur du Führer et de cette nation imbue de sa folie. On nous imposa également l'apprentissage de l'écriture Sutterlin, on l'appelait aussi la *Spitzschrift* (écriture pointue). Mère connaissait bien cette écriture puisque l'Alsace avait été sous le régime allemand entre 1870 et 1918. A l'époque, l'écriture Sutterlin était d'usage dans toutes les écoles. Avec son aide, je l'ai rapidement apprise et j'y ai même pris plaisir. C'était passionnant. A mon grand regret, les Allemands ont décidé d'arrêter son enseignement à peine un an après l'avoir imposée. Les autorités militaires se sont aperçues que la majeure partie des effectifs ne maîtrisait pas cette écriture, et que, par conséquent, elle n'avait pas raison d'être. J'ai gardé en mémoire ces signes graphiques d'un autre temps et aujourd'hui encore, j'arrive à déchiffrer dans l'album de famille de Mère toutes les cartes postales écrites par mes oncles qui étaient à la guerre entre 1914 et 1918.

a	b	c	d	e	f	g	h	i	j	k	l	m
n	o	p	q	r	s	t	u	v	w	x	y	z
A	B	C	D	E	F	G	H	I	J	K	L	M
N	O	P	Q	R	S	T	U	V	W	X	Y	Z

L'alphabet Sutterlin.

Nos enseignants n'étaient pas tous antipathiques. Je me souviens d'un instituteur qui m'avait proposé quelques vêtements ayant appartenu à ses filles. Je n'osai accepter ce cadeau sans demander l'avis de Mère. Au fond de moi-même, j'étais ravie mais je craignais qu'elle me dise : « Tu ne mettras rien sur le dos qui vienne de ces sales boches. » Elle a quand même accepté ; j'imagine parce qu'il lui était impossible de trouver du tissu, encore moins de la confection pour habiller ses enfants. J'avais toujours la même robe noire sur le dos, celle que Mère avait teint en noir lors du décès de notre père. Je revis un jour cet instituteur. Il était venu à la maison, peut-être Mère l'avait invité pour le remercier de ce cadeau. Elle nous a demandé de lui parler en français. Ma sœur et moi sommes restées stupéfaites. Nous ignorions absolument que ce monsieur maîtrisait la langue française. On nous avait tellement interdit de parler le français que nous ne comprenions pas pourquoi Mère nous demandait cela. Etait-ce un piège pour nous attirer des ennemis ? Nous doutions même de la confiance de Mère. Ni l'instituteur ni Mère ne réussirent à nous extirper un seul mot. Nous sommes restées muettes.

Tous les livres français avaient été brûlés et des tracts mensongers distribués : « Le Führer nous a sauvé du joug français. » Tous les faits, dires et gestes étaient à contrôler. Il fallait à tout prix proscrire le français et tout ce qui sonnait français. Les prénoms tels que Simone, Solange ou Yvonne ne pouvaient pas se prononcer en Allemand, et du coup, ils furent remplacés par des prénoms allemands. C'est ainsi que ma petite cousine Simone annonça un jour à ses parents qu'elle s'appellerait dorénavant Olga. La petite trouva cela plutôt amusant. Les parents, eux, furent consternés. Que cela vous plaise ou non, votre enfant pouvait être débaptisé du jour au lendemain. Les prénoms masculins tels que Claude ou Denis furent soumis au même sort. Ainsi mon frère Arsène dut prendre le prénom de Franz. Même les vêtements ne devaient pas évoquer la France. Je me souviens que ma sœur Maricharde avait un beau petit tablier brodé. Arrivée à l'école elle dut le quitter et on lui ordonna de ne plus jamais le remettre. Les motifs de la broderie, des coquelicots, des bleuets et des marguerites, formaient un joli ensemble tricolore, bleu, blanc et rouge. Mère, qui se déplaçait rarement à l'école, est allée voir l'instituteur et lui a montré que le tablier contenait également du brun et du vert. C'est avec cet argument qu'elle a réussi à infléchir sa position.

Les travaux des champs

Beaucoup d'heures de cours étaient consacrées à des tâches qui ne relevaient pas du domaine scolaire. A cette époque, les doryphores avaient envahi nos champs de pommes de terre à tel point que les enfants des écoles avaient été mobilisés pour aller les ramasser, sous la surveillance des instituteurs et institutrices. La bouteille à la main, nous passions des matinées entières à piéger ce coléoptère qui sentait extrêmement mauvais. Nos petites mains étaient toutes jaunes à force de les ramasser d'allées en allées (les gants en caoutchouc n'existaient pas encore).

En Alsace on qualifiait les soldats allemands de doryphores, peut-être parce que c'étaient des insectes envahisseurs et qu'ils avaient une couleur marron qui ressemblait aux uniformes des S.A[1]. Encore aujourd'hui, la seule vue de ces coléoptères me fait repenser à leur odeur nauséabonde.

Une autre besogne, moins pénible celle-là, était d'aller à la cueillette des feuilles de bouleau. Au printemps, à la première montée de sève, lorsque les feuilles étaient très tendres, nous passions des heures et des heures dans la forêt à ramasser ces feuilles que nous mettions dans des sacs. Ces feuilles étaient destinées à faire de la

---

[1] S.A.: abréviation de *Sturmabteilung*, sections d'assaut qui formaient une organisation paramilitaire nazie en Allemagne.

tisane pour les soldats au front. C'est ainsi qu'on nous expliquait notre démarche. J'ai su plus tard que la tisane de feuilles de bouleau est recommandée en cas d'infections cutanées, d'eczémas et qu'elle peut être absorbée dans des cas d'infections gastro-intestinales et inflammation des voies urinaires. C'était un médicament de fortune.

L'altercation au Petit Ballon

Ma sœur Fernande avait vingt ans révolus, elle était réfléchie mais souvent révoltée contre toutes obligations imposées par ces envahisseurs. Cette disposition l'a conduite à être confrontée à plusieurs reprises à de très graves problèmes qui auraient pu avoir des conséquences fâcheuses. C'est ainsi qu'un jour, elle partit avec quelques amies faire une randonnée au Petit Ballon, distant de 20 kilomètres d'Osenbach. En cours de route, elles ont rencontré un autre groupe de jeunes et ont conversé ensemble tout en continuant leur promenade. Arrivés au sommet du Ballon, l'un d'entre eux a fait exploser sa joie en criant haut et fort : « Vive la fin de l'année du post-scolaire. » Un couple de civils allemands qui étaient proches d'eux et dont ils n'avaient pas remarqué la présence, s'en prit au jeune homme en lui disant qu'il avait émis une offense envers la nation allemande en criant « boche ». La ressemblance phonique entre « poste » et « boche » avait suffit à créer un malentendu. La grande sœur du jeune homme intervint, se planta devant eux en leur disant qu'il n'avait pas prononcé le mot « boche ». Cela ne suffit pas à calmer la situation. Un des Allemands la gifla avec une telle force qu'elle se retrouva à terre. Abasourdie par tant de violence, toute la bande s'éloigna avant que les civils allemands n'aient le temps de les identifier.

Adhérer au parti nazi

Les Allemands nous avaient forcés à adhérer au parti nazi, quel que soit notre âge. Mère, comme toutes les femmes du village, fut obligée de se rendre en salle commune pour obtenir le badge de la « *Frauenschaft*[2] ». Elle avait refusé de faire le salut hitlérien mais, heureusement, dans la foule, cela était passé inaperçu. Ma grande sœur Fernande était aussi concernée et a dû, bon gré mal gré, obtempérer. Mais elle ne voulut en aucun cas être enrôlée dans

---

[2] Organisation des femmes du parti nazi.

un parti politique et elle choisit de rejoindre la Croix Rouge, ce qui lui permit de s'assurer une couverture. Tout paraissait normal jusqu'au jour où nous avons reçu la visite de « Verala », un collaborateur redoutable dans le village. Il venait à la maison pour convaincre toute la famille d'adhérer au parti nazi. Ce fut alors que Fernande l'informa de son adhésion à la Croix Rouge. Verala vit là une manière de se soustraire à l'obligation d'adhérer au parti nazi. Il devint furieux. Mère essaya de s'interposer mais il la somma de se taire et lui dit que le jour viendra où elle se mettra à genoux devant lui. Nous ne comprîmes pas tout de suite pourquoi il lui avait dit cela. Ce ne fut que peu de temps après que l'explication vint, lorsque Fernande fut convoquée à la Gestapo. Avant de s'y rendre, elle alla demander à la directrice de la Croix Rouge, Frau Launer, de se renseigner sur le motif de cette convocation. Frau Launer apprit que Verala s'était plaint de Fernande l'accusant de l'avoir insulté et d'avoir employé à son égard des mots vulgaires. Il avait demandé sa déportation au camp de concentration de Schirmeck. Frau Launer savait bien que Fernande n'employait pas un tel langage et ce fut avec cet argument qu'elle, une Allemande, sauva ma sœur de la déportation.

Quelle ironie du sort ! C'était le début des déportations et nous ignorions l'horreur qui régnait dans ces camps.

Le travail obligatoire

Mon autre sœur Irène approchait les dix-huit ans. Toutes les jeunes filles de son âge étaient obligées d'aller en Allemagne pour assumer le « *Reichsarbeitsdienst* », travail obligatoire pour toute la nation. En général cela se passait assez bien. Leur travail était varié : soit elles étaient femmes de ménage, soit elles allaient faire des travaux à la ferme ; les moins chanceuses allaient travailler dans les usines d'armement. Pour éviter tous contacts affectueux, il fallait qu'elles rejoignent leur quartier général dès vingt heures. Les jeunes filles recevaient encore des conseils et des leçons politiques avant la nuit. Elles dormaient dans des dortoirs où elles ne pouvaient pas s'échanger de confidences. Aucune amitié n'était tolérée entre elles. C'est à cette même époque que le préfet de Guebwiller, Herr Trippel, cherchait une femme de ménage. Je me souviens d'un grand monsieur en uniforme qui se présenta à la maison, soit-disant envoyé par le maire du village. Il cherchait une jeune fille issue d'une famille honnête pour faire le ménage chez lui et s'occuper de son fils Rainer.

Irène fut recrutée et elle devint ainsi l'employée de maison de la famille Trippel, échappant par la même à l'obligation d'aller faire son service en Allemagne. Ce fut une chance pour toute la famille parce que nous étions sur la liste des « *Deutschfeindlich* », les ennemis des Allemands. Beaucoup de familles comme nous furent obligées de quitter l'Alsace sous surveillance et de se rendre dans le Sud-Ouest de la France. Nous avons échappé à cette transhumance humaine grâce à Trippel, qui nous a rayés de la liste. Je me souviens très bien de mon balluchon préparé au grenier, prêt pour le voyage. Tout était tellement mystérieux et il fallait garder son calme.

Incorporation de force

Tous les jeunes gens du village âgés de 18 à 35 ans étaient incorporés de force dans l'armée allemande. La plupart étaient envoyés au front russe. Quelques uns avaient réussi à traverser la frontière suisse. Les réfractaires étaient fusillés dès leur capture. Les menaces étaient telles que la majorité des jeunes partaient. A la moindre résistance, la famille entière était fusillée. Comme tous ces milliers de jeunes alsaciens, les Malgré-Nous, comme nous les appelons à présent, nos gars du village sont partis contre leur gré. Beaucoup d'entre eux ne sont jamais revenus, morts au front. Osenbach, qui à l'époque comptait 500 habitants, pleura 16 jeunes morts, enrôlés de force dans l'armée allemande. A l'annonce des décès dans le village, tous les visages étaient graves. Emile fut le premier, ensuite ce fut Jean, puis Clément et Marcel. La famille Schmitt fut la plus éprouvée. Trois frères sont partis à la fleur de l'âge et ne sont jamais revenus.

Parmi les jeunes enrôlés dans l'armée allemande, nombreux étaient ceux qui essayaient de ne pas retourner au front après une petite permission. La tentation était grande. Freddy, un gars de notre village, prit ce risque. Déserteur à vingt ans, il s'est terré dans la maison de ses parents. Un jeune de mon âge l'a épié à travers le trou de la serrure du portail d'entrée de la cour pendant qu'il était en train de scier du bois, pensant être à l'abri des regards indiscrets. Le gamin l'a rapporté et les collabos, toujours à l'affût de la moindre faute, l'ont dénoncé à la

Gestapo. Le camion vert, réputé pour le ramassage des réfractaires, est arrivé au village. (Les voitures motorisées étaient très rares. En principe elles étaient réservées aux militaires et à la police.) Ce jour là, je l'ai vu, ce fameux camion vert, venu pour embarquer Freddy. Mère nous a demandé de faire une prière pour lui. Après la guerre, il est revenu au village. Le sort a été clément avec lui.

Mes frères

Mes frères Léon, Désiré et Florentin étaient à l'époque dans une école de Frères Maristes[3] dans la région lyonnaise. Mère a eu l'intuition de ne pas les faire revenir à la maison. Elle a défié le stratagème nazi, malgré les insistances répétées des policiers qui venaient régulièrement la harceler. A chaque visite elle leur répétait qu'elle ignorait absolument leur lieu de résidence. Une chose est sûre : en agissant de la sorte, elle leur a sauvé la vie. Pendant quatre longues années, Mère ignora l'endroit où pouvaient être ses trois fils. Elle recevait des nouvelles rares et brèves par une personne du village qui avait également un frère

---

[3] L'école des Frères Maristes est un ordre de religieux laïcs catholiques.

dans cette école. Cette jeune femme travaillait avec les Allemands à Lyon dans des services administratifs et servait d'informatrice. C'est grâce à elle que quelques rares nouvelles arrivaient à Osenbach.

Certes ce n'était pas la gloire pour nos trois frères livrés à eux-mêmes. La faim les tenaillait. Ils n'avaient pas de domicile fixe. Ils erraient dans Lyon d'un endroit à l'autre pour échapper aux contrôles allemands. Mon frère Désiré trouva refuge dans une ferme. Il travaillait dur, et il était logé et nourri dans des conditions très rudes et pénibles pour lui. Mon autre frère Léon s'était engagé dans l'armée française ; et Florentin était malade, atteint de la tuberculose ; il quémandait asile dans les hôpitaux et les sanatoriums des alentours. Peu de temps après la Libération, Désiré et Florentin sont revenus au village. Je me souviens particulièrement de Désiré quand il est descendu du camion militaire qui le ramenait à la maison après tant d'années d'absence forcée, les retrouvailles avec ses petites sœurs furent émouvantes, nous avions tellement changé. Je crois même qu'il n'était pas au courant du décès de Père. Léon, lui, n'est jamais revenu.

Mon autre frère Arsène était au front russe et il réussit à s'évader. Adolphe et Clément, eux, furent engagés par l'occupant pour faire des travaux de retranchement à la frontière suisse. Ils ne furent pas dotés d'un fusil mais d'une pelle et d'une pioche. Adolphe était jeune père de famille et Clément approchait ses seize ans. La gente masculine était rare au village, il ne restait pratiquement que des vieillards.

Ils ignoraient tout du destin de leurs camarades de classe, engagés dans la « Wehrmacht ». La majeure partie n'est jamais revenue au pays.

De gauche à droite : Adolphe, Arsène, Léon, Désiré, Florentin, et Clément.

Nous manquions de tout

Nous n'avions plus de chocolat ou tout autre dérivé du cacao, plus de sucre, plus de bonbon. L'huile d'arachide était une denrée rare. Pour faire des pommes frites, Marraine faisait fondre de la graisse de bœuf et elle ajoutait des oignons pour donner du goût. Il fallait les manger très chaudes sinon la graisse tapissait le palais. Nous faisions aussi de l'huile de noix. Il fallait chauffer les cerneaux pour pouvoir extraire le plus d'huile possible. Le parfum dégagé se répandait hors de la maison, ce qui était dangereux parce qu'il était interdit de produire de l'huile pour sa propre consommation. Nous n'avions également plus de fruits : plus d'oranges, de mandarines, de clémentines, de bananes, de figues ou de dattes. Je ne connaissais pas le melon, ce n'est qu'après la guerre, à quatorze ans, que j'ai découvert ce fruit. Nous n'avions pas de riz, de pain blanc ou de café.

Nous avions des cartes d'alimentation. Le dosage était strict. Ce dont je souffrais le plus était le manque de sucre. Les desserts étaient rares, les confitures étaient servies au compte goutte. Les marmelades de pommes ou de quetsches étaient mises en bocaux stérilisés pour éviter les dépôts de moisissure, puisque Marraine n'ajoutait qu'une faible dose de sucre. Nous mangions cela avec des pommes de terre à l'étouffé pour le repas du soir. La pomme de terre était reine en ces temps là. Nous avions un pain infect. Il était noir, je me demande ce qui avait bien pu remplacer le blé à l'époque. Les miches étaient très lourdes et elles étaient roulées dans la sciure de bois avant d'être enfournées. Quand on rompait le pain, il tirait des fils. Mère fit son pain aussi longtemps qu'elle put obtenir la ration autorisée de blé. Le café, lui, disparut pendant ces cinq années de guerre, il était impossible de trouver un seul grain. Comme substitut, nous avions un breuvage fait d'orge mélangée à de la racine de chicorée que Marraine torréfiait elle-même. Mélangé avec du lait de chèvre, cela passait encore. Les tartines de beurre n'étaient pas pour nous. Le beurre servait à Mère pour faire du troc, le plus souvent pour une paire de chaussures.

Pour trouver du tissu, ce n'était pas la gloire, il fallait souvent connaître quelqu'un. Les robes étaient rares ; les nôtres étaient taillées dans de vieux manteaux que ma sœur Adèle recevait de ses patronnes, des familles d'industriels de

Mulhouse où elle travaillait comme femme de ménage. C'étaient des vêtements usagés mais une véritable manne pour Mère. En guise de chaussures, nous avions des sabots en bois ou des chaussons en feutre ou faits de gros tissu que Mère ressemelait avec du velours récupéré d'un pantalon usagé de Père. Nous étions tous à la même enseigne. Toutes les camarades d'école avaient la même chose au pied. A l'école nous avions une étagère pour ranger nos sabots. C'était pendant l'hiver que nous souffrions le plus. Les gerçures et surtout les engelures n'étaient pas rares. Mère avait un remède efficace pour les faire disparaître : se mettre pieds nus et aller courir dans la neige pendant cinq minutes. Ce choc thermique faisait circuler le sang. Le lendemain, les engelures avaient disparu. C'était une petite torture qui était vite oubliée. Marraine nous avait tricoté des bas avec de la laine artificielle ; dès qu'il commençait à faire un peu chaud, c'était un vrai calvaire. Les démangeaisons étaient telles que je me grattais souvent jusqu'au sang. Les hivers étaient toujours très rudes. Les pantalons pour les filles n'étaient pas de mode et nos genoux étaient bleuis par le froid. Un vieux manteau sur le dos, des sabots de bois aux pieds, voilà la tenue de l'époque des petites filles pour s'adonner aux plaisirs de la glisse.

Je pense que c'était surement très dur pour mes parents de devoir cacher notre misère causée par cette fichue guerre. Pourtant nous ne nous sentions pas malheureuses. Pendant les fêtes de Noël, le « *beraweka* », un gâteau aux fruits traditionnel d'Alsace, était notre seul plaisir et remplaçait les cadeaux sous l'arbre. Mère et mes sœurs aînées décoraient toujours avec soin et avec goût le sapin que mon frère Clément allait couper en forêt. L'ambiance de fête régnait, même sans cadeaux. Nos entamions des cantiques et des chants de Noël tous en chœurs. Je garde un souvenir nostalgique de ces rares moments de bonheur pendant cette époque.

Le contrôle du cheptel

Tous les animaux domestiques qui étaient en notre possession devaient être déclarés. Nous avions une vache, un cochon, deux chèvres, quelques lapins et des poules. Le contrôle était rigoureux. Quand on tuait une poule, il fallait déposer les pattes à la mairie, qui tenait un registre. Il fallait aussi déclarer le nombre d'œufs pondus en rapport au nombre de poules que l'on possédait. Nous étions obligés de donner un certain nombre de litres de lait pour le dépôt du village. Tout était bien calculé. Il est vrai qu'on a toujours essayé de tricher, mais c'était dangereux.

 Une fois par an, une délégation de surveillance pour le comptage des animaux domestiques débarquait dans le village, toujours la veille au soir, pour être présent à la besogne tôt le lendemain matin. Ils logeaient au bistro d'en face. Ils savaient très bien que tout le monde détenait plus d'animaux que ce qui était autorisé. Heureusement pour nous, ces messieurs étaient pour la plupart friands de vin et souvent une bonne bouteille leur faisait délier la langue. Ils vendaient la mèche et dévoilaient leurs intentions d'opérer. Dès minuit, tout le village était averti ; l'information se propageait rapidement. Mère mettait les poules qui n'étaient pas déclarées dans un grand panier qu'elle fermait avec une grosse toile. Ce précieux chargement était alors transporté dans un petit bois en hauteur derrière la maison. Il fallait traverser le jardin et le verger. Le panier était bien dissimulé sous les branchages. Avant de partir, Mère donnait les dernières recommandations à ses poules en leur sifflant à l'oreille de ne pas caqueter. Fort heureusement, la manœuvre marchait à tous les coups. Pour le cochon, c'était une autre histoire. Je me souviens que nous logions à l'époque – contre notre gré – un officier allemand dans une chambre au premier étage. Un jour où il était en permission, Mère mit le cochon dans une caisse et, avec l'aide de Clément, elle le transporta dans la chambre de l'officier. Au moment du contrôle, on lui a demandé ce qu'il y avait dans la chambre. Feignant l'ignorance, Mère a prétendu que l'officier avait fermé la porte à clé en partant. J'imagine la surprise du policier s'il était rentré en forçant la serrure !

Ensuite c'était l'inspection du grenier. Nous avions deux grosses huches qui servaient à stocker les grains. Ils ont soulevé le couvercle pour voir s'il n'y avait pas d'animaux non déclarés. Mère, qui avait toujours des nerfs d'acier, leur dit qu'elle ne ferait jamais d'élevage au grenier. La vérification dans la maison terminée, il restait l'étable. Ce fut vite fait. Les quelques poules déclarées étaient présentes, ainsi que le reste du cheptel. Il fallait faire une très longue prière pour que le veau caché derrière les bottes de foin ne donne de la voix.

Les deux officiers recenseurs en uniforme ne s'annonçaient jamais et circulaient dans notre maison sans aucune gêne. Il est arrivé que pendant que l'un descendait l'escalier extérieur de la cave, l'autre me surprit pendant que je faisais ma lessive intime dans la buanderie (les serviettes hygiéniques n'existaient pas encore). Il me jeta un regard furieux mais se sentant également ridicule, il sortit aussi vite qu'il était rentré. Il alla dans l'arrière-cour et il monta les escaliers pour arracher une pèlerine qui était en train de sécher, soupçonneux d'y trouver quelque chose de caché. Je l'ai suivi discrètement, la peur au ventre. Il est rentré dans la cuisine. Son compère était monté par l'escalier intérieur de la cave. Tous les deux ont fait irruption en même temps dans la cuisine au grand étonnement d'une partie de la famille réunie. Je trouve cela comique maintenant mais, au moment des faits, j'avais plutôt peur.

Le Bauernführer

Dans chaque village, les Allemands avaient nommé une personne qui était responsable de surveiller et de superviser les activités des paysans. Rien ne devait être fait sans le consentement du « *Bauernführer* ». A Osenbach, un paysan nommé Théophile fut chargé de cette tâche. Ce n'était pas un collaborateur, mais il était obligé néanmoins de rapporter les faits et gestes de chaque paysan. Mère a eu à faire à Théophile au sujet d'un veau qu'elle voulait échanger avec sa voisine Emilie. Le nôtre étant réquisitionné, il fallut le donner. Or il était en très bonne forme, alors que celui d'Emilie était plutôt rachitique. Théophile ne voulut rien savoir de ce commerce illégal, par peur d'enfreindre la loi. Il dit à Mère qu'il fermerait néanmoins l'œil sur cette histoire qui devait faire profiter Emilie.

Nous logions à l'époque quelques militaires allemands. Parmi eux il y avait un paysan autrichien qui comprit parfaitement le stratagème de Mère et lui proposa de l'aider. Le troc eut lieu pendant la nuit. L'Autrichien bût pour augmenter son courage, ce qui l'amena à mal calculer la transaction. Le veau était costaud et l'embardée fut plutôt drôle. Irène se demanda comment tout cela allait finir : une fois c'était le veau qui prenait le dessus, l'autre fois l'Autrichien, le tout ponctué de cris et de jurons. Tout finit bien. Les voisins n'entendirent rien, même Théophile, qui était le voisin direct d'Emilie, n'entendit pas ce cirque nocturne. Si minime soit elle, ce fut encore une victoire sur l'adversaire et un triomphe pour Mère, toujours prête à narguer l'ennemi.

L'usine de Soultzmatt

Avant la guerre, Père travaillait comme maçon. Dès l'approche de l'hiver, il perdait son travail car le mortier craignait le gel et ne se laissait plus travailler. Mère avait travaillé de nombreuses années à l'usine de Soultzmatt et elle connaissait bien le directeur, Monsieur Brand. Sur la demande de Mère, Monsieur Brand embaucha Père pour l'hiver pour des travaux de maçonnerie à l'intérieur de l'usine. C'était une faveur et Mère n'avait pas oublié ce geste. De temps en temps, quand notre vache fournissait beaucoup de lait – en principe après le vêlage– nous trichions sur la quantité et prenions le risque de battre la crème. J'étais souvent dans la cave à faire tourner la baratte. C'était long mais le résultat était concluant : nous obtenions au moins un kilo de beurre ! Il ne fallait pas s'imaginer pouvoir l'étaler sur des tartines car il était en principe fondu et mis dans de grands pots en grès et destiné à la cuisine. Sur la motte, Mère prélevait une petite part, à peu près deux cents grammes. Elle lui donnait forme avec art en le décorant à la pointe d'un couteau. Elle l'enveloppait ensuite joliment dans une feuille de rhubarbe.

Mère m'envoyait alors acheminer ce trésor à Madame Brand. J'étais toujours reçue comme une reine. La gouvernante m'accueillait et me menait dans les appartements de Madame. Je me souviens même la fois où elle m'emmena dans sa chambre à coucher, elle était encore au lit. Comme récompense, Madame Brand me donnait toujours les habits de ses filles, qui étaient plus âgées que moi. Quand elle me menait devant la commode, mon cœur battait la chamade. Je savais d'avance qu'elle sélectionnerait de jolis tabliers, des chemisiers ou des jupes.

La villa du directeur se trouvait à côté de l'usine. Avant de rentrer dans la cour, il fallait passer devant la bâtisse du portier, surveillance oblige. Je déclinais mon identité et donnais comme motif « Visite à Madame Brand ». Un jour pendant ma visite, il y a eu une alerte, ponctuée de hurlement de sirènes. Madame Brand courut dans la maison et me défendit de sortir. Elle me mit deux sacs dans la main. Elle-même chargée de plusieurs petites valises, elle se refugia dans la cave. La peur d'un bombardement était palpable. Le directeur, Madame, le personnel de la maison et moi étions terrés une bonne demi-heure au fond de la cave. Un nouveau hurlement de sirènes et l'alarme fut levé. Ce jour-là, Madame Brand m'offrit une petite gaine. J'ignorais ce que c'était. Sur le chemin du retour de Soultzmatt à Osenbach, distant d'à peu près trois kilomètres, je me suis arrêtée dans les bois pour procéder à l'essayage, tant ma curiosité était grande. Cette petite gaine ajourée et parée de dentelles m'intriguait, à quoi pouvait-elle servir ? De retour à la maison, Fernande me donna des explications. Mais à mon grand désespoir, elle prit ce qui lui plut dans le carton, y compris la gaine que je convoitais. Elle était bien trop grande pour moi mais qu'elle était belle ! Ce fut une grande déception, tout un univers s'écroulait. J'eus droit cependant aux petits tabliers. L'un était rose, l'autre bleu ciel, gansé de biais blancs et cousu avec de petites poches appliquées. J'étais tellement fière de les porter. Il fallait vraiment si peu de choses pour être heureuse !

L'affaire F.

C'était au début de l'invasion allemande en Alsace. Les Allemands avaient commencé à « nettoyer » le territoire, c'est-à-dire à expulser toutes les personnes qu'ils soupçonnaient être anti-allemandes. Ce n'étaient pas uniquement les Juifs qui étaient visés, mais aussi les nobles et les familles aisées.

A Soultzmatt, la famille F. faisait partie de ces gens-là. Ma sœur Adèle était toute jeune et elle était employée comme petite bonne chez Madame F. Le jour où l'annonce d'extradition tomba, les F. durent partir. Ils ont du quitter leur maison, en sachant que les Allemands allaient mettre main basse sur les belles choses.

Mère, toujours prête à rendre service, leur a proposé de sauver leur patrimoine – les meubles, la vaisselle, les tentures, la lingerie, etc. – en l'entreposant dans notre maison, le temps que la guerre se termine. Sa démarche était généreuse et elle n'avait aucune arrière-pensée. Elle voulait tout simplement rendre service et elle ne pensa pas aux conséquences de son geste. Avec l'aide des voisins, Mère achemina tous ces « trésors » en utilisant des charriots tirés par des chevaux pour faire quelques allers et retours entre Osenbach et Soultzmatt.

Notre maison fut tout d'un coup parée de beaux meubles, de bibelots, de belle vaisselle qui scintillait dans les vitrines en acajou, des rideaux en brocart aux fenêtres. C'était même un peu ridicule, car ces belles choses ne cadraient absolument pas dans notre intérieur. Les armoires touchaient le plafond. Dans la grande chambre à l'étage, il n'y avait plus un seul endroit pour entreposer un objet. Les fauteuils et les chaises étaient emboîtés les uns sur les autres. C'était une véritable caverne d'Ali Baba ! Seulement voilà, dans un village, tout se sait ou presque. Bien que les transports aient été effectués la nuit et que nous habitions à l'entrée du village, la haute autorité allemande a eu vent de ces déménagements. Un jour, l'appariteur (un employé de la mairie qui tenait lieu de garde champêtre) annonça dans tout Osenbach que les personnes qui détenaient des meubles ou tout objet de valeur des gens exilés étaient obligés de les rendre immédiatement sous peine de mise à mort. Dès le premier avertissement, Mère a commencé à mettre une bonne partie des meubles à l'abri chez les voisins. D'un commun accord, ils ont dissimulé une partie sous le foin et la paille. Mais une grande partie resta dans la maison. Comme rien n'avait été rendu et que Mère avait fait la sourde oreille à la menace, la Gestapo (la police secrète de l'Etat) débarqua un jour sans son ni trompette chez Mère pour un contrôle. Dès leur apparition, Mère défendit à Marraine et aux enfants de se montrer. C'était une affaire qu'elle voulait régler personnellement. Marraine tremblait de peur et nous, les enfants, nous ne comprenions pas du tout le danger qui nous guettait. C'était évident, ces messieurs n'étaient pas dupes, ils comprenaient très bien la supercherie de Mère et la couleuvre qu'elle essayait de leur faire avaler. Elle leur dit qu'elle avait acheté ces meubles aux enchères. L'un des policiers en uniforme mit le pied sur les premières marches de l'escalier pour monter aux chambres. « Et là, vous avez quoi ? », lui demanda-t-il. Mère, avec beaucoup de sang froid, lui répondit tranquillement qu'il n'avait qu'à aller voir. « Ce sont les chambres où logent mes nombreux enfants », lui dit-elle. Le miracle eut lieu. Le policier décida de faire demi-tour et repartit avec le reste de la troupe.

Etait-ce un ange invisible qui stoppa l'officier dans sa perquisition, ou n'était-ce qu'une comédie qu'il fallait jouer aux yeux de tous ? Peut-être que si Irène n'avait pas travaillé chez Herr Trippel, le préfet, l'affaire n'aurait pas pris la même tournure.

Restait l'impératif de ne pas ébruiter cette situation. Aux plus jeunes comme à Maricharde et à moi-même, tout ce tohu-bohu avait été tellement palpitant qu'il était difficile de garder le secret. Maricharde ne sut résister et elle confia le secret à une petite amie de classe. Le soir même, Mère fut avertie et c'est avec beaucoup de diplomatie qu'elle réussit à mettre fin à la bavure.

Après la guerre, Madame F. reprit ses biens, sans aucun remerciement. Au contraire elle accusa Mère de voleuse parce qu'elle n'arrivait pas à mettre la main sur une chambre à coucher en acajou qu'elle supposait être dans notre maison. C'était triste, et une fois de plus, nous constations que les personnes qui n'avaient pas vécu l'occupation en Alsace ne comprenaient absolument rien à notre triste sort. Cette chambre à coucher, c'était l'autre bonne qui l'avait mise à l'abri !

Les vacances

Pendant ces tristes années de mon enfance, nous passions nos vacances d'été au village. N'ayant aucun moyen de locomotion, il ne nous restait que nos pieds mal chaussés pour aller en forêt cueillir des fraises, des framboises et des myrtilles. Les cueillettes de champignons étaient gratifiantes car nous en trouvions en profusion. Marraine nous préparait des menus de fête, surtout avec les girolles. Nous allions également au ramassage de pommes de pin avec notre brouette. A l'époque, les brouettes étaient faites de bois et elles étaient longues, de manière à pouvoir entasser plusieurs sacs de jute, comme ceux utilisés pour les pommes de terre. Mon frère Clément était généralement chargé de la conduite de l'engin, et ma sœur Maricharde et moi nous nous relayions à la corde fixée à l'avant de la brouette pour soulager un peu le conducteur. Ces pommes de pin servaient au démarrage de la flambée à la cuisine. Tous les matins, il fallait refaire le feu, été comme hiver, car les cuisinières à gaz n'existaient pas encore. L'électricité était très rare. Il nous restait que le bois ; heureusement que la forêt était proche. Quand on rentrait avec notre chargement – sept ou huit sacs ficelés et entassés sur cet engin à une roue – nous étions fiers. Pour nous, c'était un exploit. Nous avions aussi le droit d'aller faire du bois. Clément connaissait les petits arbres qui étaient secs et à l'aide d'un « *saasla* » (une serpette), il nous préparait des charbonnettes (des grosses branches de bois) coupées à une longueur d'environ un mètre que nous entassions sur la brouette. Nous ne considérions pas cette besogne comme une corvée, c'était plutôt un beau passe-temps. Soutenus par la confiance que Mère nous accordait, nous nous sentions forts. Il nous arriva un jour de faire chavirer notre chargement, malgré toutes les précautions que nous prenions. Nous nous en avons ri et, de plus belle, nous avons refaçonné notre échafaudage et repris le chemin avec notre précieux chargement.

Pendant les grandes vacances une autre grande responsabilité nous attendait : faire paître notre vache et nos chèvres dans des clairières ou à l'orée des bois. Nos copains et nos copines du quartier étaient de la bande. Chacun avait son cheptel à surveiller, quelques vaches, quelques chèvres. Nous partions avec nos casse-croûte dans une musette que nous étions obligés de monter dans un arbre à l'abri, car les chèvres de Simone – alias Olga – étaient des voleuses. Elles étaient très friandes de ce pain presque immangeable. Heureusement que les fruits remplaçaient en majeure partie ces goûters infects. Avec toutes les restrictions nous ressentions souvent de petits creux dans l'estomac. Il nous arrivait aussi de faire cuire dans la braise des pommes de terre que nous déterrions dans les champs aux alentours. Nous avions le droit de faire du feu. Personne ne disait jamais rien même quand nous pêchions des petits poissons dans la rivière. Passés sur la braise, ils étaient délicieux.

Nous étions bien conscients de notre responsabilité de surveiller notre vache et nous n'avons jamais failli à la tâche jusqu'au jour où, faisant un faux pas juste au dessus d'une carrière, le sol a cédé sous elle. Elle a fait un plongeon dans le vide qui nous a tous impressionnés. Nous nous sommes mis à genoux et avons prié à haute voix pour que la vache ne soit pas morte. Elle s'est remise sur ses pieds, avec juste une grosse éraflure sur l'arête dorsale.

En quête de nourriture pour notre vache, nous l'emmenions dans des pâturages toujours différents. Un jour, nous nous trouvions du côté de Wintzfelden, village voisin un peu en contrebas d'Osenbach. Nous étions avec Emilie, notre voisine d'au moins douze ans notre aînée. Elle avait pris la même direction que nous avec ses trois vaches. Soudain nous avons entendu arriver, avec un fracas du tonnerre, deux petits avions qui firent rase-mottes au dessus de nos têtes. Je me suis protégée la tête entre les mains. Emilie, elle, s'est littéralement jetée par terre, la peur au ventre. Nous avions cru que les avions étaient venus pour bombarder nos pauvres bêtes. Nous avons su plus tard qu'ils avaient largué leurs bombes sur Guebwiller, quelques kilomètres plus loin. Une chose est sûre, c'était la première fois que nous entendions des avions en mission de si près. Nous sortions souvent la nuit pour écouter le bruit que faisaient les bombardiers qui survolaient notre région. C'était un vrombissement sourd et saccadé. Clément nous disait : « Qu'est-ce qu'ils doivent être chargés, les moteurs peinent. » C'étaient des bombardiers anglais qui allaient larguer leurs chargements en Allemagne. Ils n'avaient aucun signe lumineux. Nous pensions alors aux innocents qui allaient laisser leur vie. C'étaient des moments bien tristes.

La visite d'Annie

Peu d'amis venaient nous rendre visite. Un jour cependant, je vis apparaître une dame très chic, qui portait un chapeau, des gants et un manteau de fourrure. Elle se présenta dans l'entrebâillement de la porte, qui n'était jamais verrouillée. Mère ne la reconnut pas tout de suite. Les cris de joie et l'embrassade qui suivirent ne laissèrent aucun doute sur l'affection que Mère lui portait. C'était une de ses amies d'enfance, elle s'appelait Annie. Elle s'était mariée à un Berlinois après la première guerre mondiale en 1918. Annie n'était plus revenue au village depuis lors et la voilà qui débarquait chez nous avec sa petite valise. C'était tout ce qui lui restait après les bombardements de Berlin. Mère l'a accueillie à bras ouverts et l'a hébergée généreusement pendant plusieurs mois.

Annie avait conservé un caractère très gai malgré toutes les souffrances qu'elle avait endurées. Veuve et séparée de son fils unique dont elle était sans nouvelles, elle était restée une personne plein d'entrain qui animait les soirées monotones avec son rire contagieux. Elle parlait le dialecte alsacien mais le mélangeait souvent avec le « *Hochdeutsch*[4] ». Pendant son séjour chez nous, elle partagea les moments de bonheur comme les moments de malheur. A cause de notre mauvaise alimentation, nous avions contracté une maladie de la peau très désagréable, une sorte de galle qui nous procurait des plaques

---

[4] Hochdeutsch : l'Allemand parlé correctement, un bon Allemand.

sous la peau. C'était tout juste s'il ne fallait pas mettre des gants la nuit pour éviter de se gratter. Annie trouvait toujours les mots pour nous conforter. Le soir, elle nous mettait des petits linges trempés dans du schnaps pour apaiser nos démangeaisons. Tout en grattant doucement, elle invitait ces petites bestioles à quitter notre peau et elle leur recommandait de « se calmer », comme elle disait. Cette façon de nous endormir était plutôt comique.

Les tablettes à l'odeur de vanille

Mère m'avait donné l'ordre de ranger une armoire avec Maricharde. Il n'était pas question de jeter quoi que ce soit, simplement de bien replier les vieilleries. Au fond de l'armoire, cachée sous des journaux, nous avons découvert une petite boite renfermant des pastilles jaunes. Une odeur de vanille se dégagea lorsque nous l'ouvrîmes. Cette odeur, nous la connaissions d'avant la guerre, c'était l'odeur des desserts et des bonbons dont nous étions privées depuis des années. La tentation fut trop grande. Nous ne pûmes résister à les sucer. J'ai encore ce goût à la bouche, un vrai régal ! Mais après quelques secondes, les pastilles finirent par être âpres et désagréables au goût. Après une heure de gargarisme, rien n'y fit, nous avions toujours les lèvres, la langue et le pourtour de la bouche marqués d'une belle couleur orange, de vrais petits clowns. Nous réussîmes à passer cette mésaventure sous silence mais nous n'étions pas fières de notre exploit ; heureusement que ce n'était pas de l'arsenic ! La gourmandise et le besoin de sucre auraient pu nous jouer un mauvais tour. Nous avons su plus tard que ces pastilles étaient des vitamines qui avaient été distribuées aux soldats au front. C'était mon frère Arsène qui les avait placées dans l'armoire.

La fabrication de savon

Le manque d'hygiène se faisait durement ressentir. Certes, nous avions notre buanderie, mais celle-ci était souvent occupée par les militaires de passage. C'était un appentis qui servait à de multiples fonctions : abri, cuisine, poste de police, etc. Mère devait user de ruses pour qu'on la lui libère de temps à autre pour faire la lessive. Nous avions de grands baquets installés sur de solides tréteaux. Le linge était bouillant quand il sortait du chaudron. La planche dans le baquet, de l'huile de coude, et en avant la corvée ! Je vois encore cette mousse généreuse qui débordait. Cela ressemblait à de la glace. En plein été, quand la nostalgie nous prenait, Maricharde et moi mettions une boule ou deux de cette mousse sur un petit bâton et nous nous imaginions manger de la glace. Une fois la mousse fondue, le rêve s'envolait.

Pour faire notre toilette il nous restait l'évier de la cuisine : une bassine pour la partie haute du corps, une bassine pour le reste. Tout était organisé. Les salles de bains n'existaient pas dans notre village. Nous n'avions pas l'eau courante à la maison. Il y avait cinq fontaines établies à différents endroits du village. Toute la population y cherchait l'eau, que ce soit pour boire, faire la cuisine ou la lessive. Les fontaines étaient très vastes : trois mètres de profondeur sur quatre à six mètres de diamètre. Cette réserve d'eau était aussi une nécessité en cas d'incendie. Tous les matins et tous les soirs les animaux domestiques, vaches et chèvres, avaient leur droit de sortie, leur récréation pour aller boire à la fontaine. C'était aussi un spectacle.

Si l'eau ne manquait pas, le savon, lui, était en pénurie. Il n'existait aucun produit de nettoyage, ni de détergent pour faire la vaisselle.

Nous ne trouvions plus de papier toilette. Marraine coupait les journaux en petits carrés, et tous les autres papiers étaient soigneusement récupérés. Comme nous ne trouvions plus de savon, nous dûmes faire preuve d'ingéniosité. Affairées autour d'une marmite, Mère et Marraine, tout feu tout flammes, jouaient aux alchimistes. Je ne me souviens plus exactement de la composition de la recette. En tous les cas, il y avait de la graisse de bœuf (c'était la seule graisse disponible chez le boucher) mélangée à une solution connue sous le nom de « verre soluble[5] ». C'était une élaboration savante. Lorsque le savon prenait forme, nous le coupions en cubes et nous le stockions ensuite au grenier pour le séchage. Le procédé de fabrication se transmettait de bouche à oreille afin que chacun puisse en profiter.

Graffitis dans la neige

Nous avions des hivers très rigoureux pendant ces années de guerre. La neige était abondante. Les chasse-neige n'étaient pas motorisés ; celui d'Osenbach était stationné devant notre maison pendant la saison hivernale,

---

[5] Solution de silicates de soude à laquelle est ajoutée de la potasse. Cette solution est généralement utilisée pour conserver les oeufs.

toujours prêt à être tracté par les chevaux des voisins. La neige tombait souvent pendant la nuit, et tôt le matin, avant même le lever du jour, dans la pénombre, les hommes du village se mettaient à l'ouvrage pour ouvrir les routes. Les jeunes filles qui travaillaient à l'usine à Soultzmatt se déplaçaient à pied pour aller au travail, gymnastique matinale forcée. Avec un peu de chance, le chasse-neige avait tracé un sillon avant leur départ. Les congères invitaient aux graffitis de toutes sortes, tels que « Vive la France » ou « Sales Boches ». C'était comme un défi lancé contre l'ennemi. Il ne fallait surtout pas se laisser prendre car la menace de la déportation était toujours présente, telle une épée de Damoclès au dessus de nos têtes.

L'incendie de La Bresse

Derrière notre maison, en amont, se trouvait un verger avoisiné d'une forêt de châtaigniers. Quand nous montions au Raïn – c'est ainsi qu'on appelait cet endroit situé en amont du village – nous avions l'impression de dominer le monde. C'était un lieu où nous aimions gambader et jouer à cache-cache, un petit endroit secret ignoré des autres enfants. Au mois de mai, c'était le muguet, l'été, les champignons, en automne les châtaignes. Les dons de la nature étaient abondants et toujours bienvenus.

Un matin, le Raïn nous réserva une grande surprise : sur tous les arbres étaient accrochés de longs rubans en aluminium. C'était comme si quelqu'un s'était amusé à décorer les branches de nos arbres pour un Noël précoce. Ce n'est que bien plus tard que nous avons appris que ces lamelles avaient été larguées par les avions alliés pour troubler les radars, explications bien compliquées pour nous à l'époque.

Je me souviens être montée au Raïn en pleine nuit. Clément avait donné l'alerte. Nous avions vu quelque chose de surnaturel. Le ciel derrière les chaînes de montagnes était rouge. C'était mystérieux, du jamais vu côté ouest. Nous avons appris que toutes les villes et villages entre Ventron, Cornimont, La Bresse, Gérardmer et Saint Dié avaient été détruits et incendiés par les Allemands. Tout ce qui se trouvait derrière la chaîne vosgienne devait être anéanti. La Bresse fut la ville la plus touchée. Les Allemands avaient élaboré un plan de destruction tel que chaque maison devait être détruite une par une, systématiquement. Il ne devait plus rester un seul pan de mur. Ce sinistre a duré du 11 au 18 Novembre 1944. Ce fut sûrement un brasier gigantesque pour que les lueurs parviennent jusqu'à chez nous. Ce n'était pas pour rien que nous imaginions le pire et que nous avions toujours peur.

Il y avait beaucoup de maquisards et les Allemands voulaient faire place nette pour qu'il n'y ait plus de résistance. Tous les hommes de 16 à 62 ans furent déportés à Pforzheim en Allemagne. Il resta les ruines, les femmes et les enfants.

Thérèse Fleurette et Françoise Mougel dans les bras de mon frère Arsène.

De nombreuses stèles, érigées en l'honneur des cinquante maquisards qui furent exécutés, témoignent aujourd'hui de l'horreur qui a régné dans les Vosges peu de temps avant la Libération.

Après la guerre, Mère a accueilli pendant plusieurs mois deux petites filles de la Bresse, Thérèse Fleurette et Françoise Mougel, à la demande de la Croix Rouge. Elles étaient toutes les deux choquées et traumatisées par les évènements qu'elles avaient vécus. Elles étaient à peine plus jeunes que Maricharde et moi. Après presque 65 ans de silence, nous nous sommes retrouvées et nous avons renoué amitié.

Vivre avec l'occupant

C'était l'heure du repas de midi. Marraine s'affairait à la cuisine pour préparer une maigre pitance : choucroute, pommes de terre et un soupçon de lard. Nous allions nous mettre à table quand la porte s'ouvrit dans un fracas indescriptible. Toute une armée de militaires fit irruption sans s'annoncer. Ces messieurs étaient les cuisiniers d'un état-major établi dans le village et ils jetèrent leur dévolu notre maison, qui était bien située et assez vaste. Ils étaient chargés de casseroles, de caisses et surtout de victuailles : les poulets, les viandes, les œufs et matières grasses abondaient. Sans aucune formule de politesse et sans discussion possible, ils ont enlevé nos fait-tout de la cuisinière et ont commencé leur préparation culinaire. Ils s'étaient installés comme nouveaux propriétaires. Mère, qui savait toujours se faire respecter, répétait inlassablement qu'il fallait garder la tête haute. Marraine, de son côté, proposa de leur faire la cuisine, dans l'espoir de pouvoir subtiliser une partie du festin. Elle se chargea de la découpe de la volaille et astucieusement réussit à soutirer ça et là quelques morceaux.

Parmi ces soldats, il y en avait un qui avait un appétit d'ogre. Sa boulimie était telle qu'il se levait même la nuit pour manger les restes. Il affichait bien sa gourmandise, il était prêt à éclater. La chambre à coucher de Mère jouxtait la cuisine. Une nuit, elle entendit un léger bruissement de l'autre côté du mur et elle se leva pour voir ce qui se passait. Notre énergumène était bel et bien en train de se goinfrer des restes du soir. Mère n'a pas hésité à faire du charivari pour ameuter les autres occupants de la maison afin que l'alerte soit donnée et qu'elle ne soit pas accusée de voleuse le lendemain. Elle lui a bien fait comprendre que son comportement était inacceptable et qu'il constituait un affront vis-à-vis d'elle et de ses enfants.

Nous avions un chien nommé Rascasse, un amour de bestiole, très intelligent. Il veillait avec attention sur les caisses de provisions entreposées dans la cuisine, il ne touchait à rien. Il était une très bonne sentinelle ; trop, selon Clément, qui regrettait qu'une chose, que notre chien ne puisse aller voler quelques bonnes choses aux yeux des « boches », car il avait la confiance de chacun.

Les Allemands avaient également amené des bougies, sous forme de petites boîtes en fer avec de la paraffine et une mèche. Nous faisions grand usage de bougies à cette époque parce que nous n'avions pas le droit d'utiliser l'électricité, pour cause de camouflage. Les bougies commençaient à se faire rares et ces petites boîtes en fer furent comme de la manne tombée du ciel. Elles étaient moins surveillées que les victuailles et nous nous en sommes servis largement.

Les Allemands sont restés un certain temps puis ils sont repartis comme ils étaient venus, sans prévenir, sans doute pour continuer leur sale besogne autre part.

Après cet épisode, notre maison fut occupée presque continuellement par l'une ou l'autre unité de l'armée allemande. Il nous arrivait de loger des militaires bien élevés et polis, des hommes qui avaient été mobilisés et qui n'avaient pas du tout envie de faire la guerre. Ils nous faisaient des confidences, ils nous parlaient de leurs familles, de leurs villes détruites par les bombardements. Ils nous disaient qu'ils étaient écœurés de faire cette maudite guerre. Je me souviens en particulier d'un de ces militaires. Il nous montra une photo faite avant la guerre de sa maison. Elle était très belle ; elle portait une enseigne « Boucherie Charcuterie » sur la devanture, et devant se tenaient une très jolie jeune femme et deux fillettes à peu près de mon âge. « Voyez », disait-il à Mère, « c'étaient mes trésors, mon épouse, mes deux filles, la maison, il ne reste plus rien, tout a été bombardé. Toute ma famille a péri ; de la maison il ne reste que des ruines. Croyez vous vraiment que j'ai envie de me battre pour une cause inutile ? »

Des histoires aussi tristes, il n'en manquait pas. Un matin, un autre de ces jeunes soldats rentra à la cuisine, une mine défaite et les yeux hagards. Il avait eu l'ordre de se rendre au front russe. Pour lui c'était la condamnation à mort. Il avait peur, il tremblait. Il demanda à Mère s'il pouvait l'embrasser. Par ce geste, il voulait dire adieu à sa propre maman. Il serra Mère très fort tout en sanglotant. Nous avons appris par la suite qu'il avait été tué au front russe peu de temps après y avoir débarqué.

Nous logions aussi des nazis dans notre maison qui tenait lieu d' « hôtel », tant le va-et-vient était incessant. Je ne sais plus à quelle unité appartenaient ces derniers, en tout cas, il fallait bien se méfier. Ils avaient installé leur propre poste radio à la cuisine. Toutes les radios des villageois avaient été déposées à la mairie, suite à un décret imposé dès le début de l'invasion allemande. Un jour, la maison étant déserte, Fernande prit le risque d'écouter Radio Londres. Malgré la mauvaise réception, elle arrivait parfois à capter quelques bribes sur la situation de l'avancement des troupes françaises ou américaines. Elle mettait une couverture sur la tête pour amoindrir le son, pendant que Mère montait la garde. Un jour Fernande commit une grave erreur. Dans sa précipitation, elle oublia de changer de chaîne. Dès le lendemain, Mère était interrogée pour savoir qui avait manié le poste. A force de mensonges et de supercheries, Mère arrivait toujours à s'en sortir. « De toute façon », dit-elle, « je suis incapable de comprendre le français. Je ne l'ai jamais appris », ce qui était vrai. L'officier lui répondit alors : « Savez-vous que je peux vous fusiller sur le champ si je vous attrape à écouter Radio Londres ? » Mère lui rétorqua qu'elle n'en croyait pas un mot car un homme aussi bien élevé que lui devait avoir du cœur et qu'elle pensait qu'il serait incapable de faire une chose pareille. « Frau Kaiser », lui dit-il, « savez-vous que je fusillerais sans hésitation ma propre mère si je savais qu'elle agissait contre le Führer ? » Mère fut abasourdie. A partir de ce moment là, les écoutes radio furent terminées.

Le pied de veau

Depuis des années nous avons lutté contre tout ce qui nous était imposé sans jamais perdre l'occasion de passer outre les interdictions. C'est ce que nous fîmes un jour avec un veau, qui n'avait pas été déclaré. Nous avons profité d'un moment de répit où la maison n'était pas occupée pour l'abattre. La décision avait été difficile à prendre mais la tentation trop grande. Le veau fut tué clandestinement et découpé en morceaux, qui firent distribués à des amis discrets. Il servit surtout à faire du troc pour des articles qui commençaient à se faire rares. Tout devait aller très vite. Les pieds de veau qui restaient ne furent pas nettoyés – faute de temps – et ils furent enfouis sous le fumier.

Peut être six mois plus tard, alors que nous logions de nouveau des militaires dans notre buanderie qui servait aussi de cuisine, il y eut un rassemblement de soldats dans la cour. Rascasse, notre chien, leur présenta un pied de veau qu'il avait déterré du fumier. Mère assistait au spectacle. L'officier allemand la confronta immédiatement et lui demanda : « C'est quoi cela ? » Avec son sang froid habituel, Mère répondit sans hésiter : « Ceci est un pied de veau. » Je vois encore le sourire de l'officier qui, devant tant de franchise, passa l'éponge. Peut être que si Mère avait essayé de se dérober devant l'évidence, l'affaire aurait pris une autre tournure.

L'armée allemande a faim

Pour nourrir les soldats il fallait de la viande. Pour cela, les militaires allemands réquisitionnèrent les vaches et les veaux des fermes vosgiennes avoisinantes. Ils les firent traverser le village sous des meuglements, des cris et à coup de bastonnades données par quelques militaires eux-mêmes devenus à moitié fous. Ces pauvres bêtes étaient obligées de marcher sans arrêt, sans boire ni manger pour arriver à temps à leur destination. Leurs sabots étaient usés et chaque emprunte laissait une trace de sang. Après leur passage la route était rouge. J'ai vu un allemand qui tapait sur un veau avec une telle fureur que celui-ci s'affaissa et tomba dans un talus, mort. Ce n'était qu'un paquet d'os et de peau. L'image de cet animal victime de la folie et des horreurs de la guerre me poursuit encore aujourd'hui.

De la soupe pour les Mongols

Mère avait hérité d'une maison à l'autre bout du village. Elle était vétuste et personne ne l'habitait. Un jour, nous avons appris que des prisonniers russes ou mongols – nous ne savions pas – avaient élu domicile dans le sous-sol de cette maison, avec leurs chevaux. C'était une nouvelle palpitante pour moi, et curieuse comme j'étais, je voulus voir ce spectacle. Il faisait presque nuit et il faisait très froid et humide (nous étions en plein hiver), le sol était mouillé. Je me suis approchée, la peur au ventre. Ils étaient à peu près une dizaine de Mongols – je voyais alors leurs yeux bridés – installés autour d'un feu allumé à même le sol, en train de se réchauffer les pieds. Les chiffons qui leur servaient de chaussettes étaient en train de sécher. C'est là que j'ai compris le vrai sens de l'expression « chaussette russe ». L'odeur était infecte.

Je ne sais pas s'ils étaient en errance mais en tout cas ils étaient surveillés par un ou deux militaires allemands. La faim se lisait sur leurs visages et cela faisait mal au cœur. Marraine et quelques voisins des alentours avaient préparé une bonne soupe aux légumes bien chaude. Pour ces pauvres hommes, c'était un vrai festin. Cela faisait des semaines qu'ils n'avaient pas mangé quelque chose de chaud. Ils sont peut être restés deux ou trois jours puis ils ont repris leur triste voyage sans son ni trompette.

Les prisonniers américains

Il faisait très froid ce matin là et quelque chose d'étrange se passait dans notre cour. Un camion militaire fit halte chez nous pour débarquer une douzaine de prisonniers américains. Ces derniers avaient été capturés dans les Vosges. La nouvelle fit le tour du village à une vitesse fulgurante. Si des prisonniers américains étaient ici, cela voulait dire que les libérateurs étaient proches. La place du village s'était remplie d'une foule de badauds silencieux, venus voir ce spectacle inhabituel. Un gardien allemand, excédé et la mitraillette chargée à la main, se mit à se ruer vers les badauds pour les disperser. Les menaces et les cris furent tels qu'en un instant la place fut nettoyée. Mon cœur battait la chamade. Il ne manquait pas grand chose pour qu'il appuie sur la gâchette.

J'étais aux premières loges, à la balustrade de l'escalier. Julien, un copain voisin, était venu s'installer à côté de moi. Nous étions fascinés par la tenue militaire américaine, si différente de celles des « Fritz ». Fernande s'était avancée vers les soldats américains pour essayer de leur parler en français, sans résultat.

Mère eut pitié d'eux. Avec une extrême politesse, elle demanda aux officiers allemands de lui accorder la permission de servir du vin chaud aux prisonniers – les troupes allemandes avaient installés leur cuisine dans notre cour et ils avaient ramené les prisonniers dans l'idée de leur faire boire une soupe. La permission fut accordée.

Pour l'occasion, Marraine sortit le sucre, le vrai, celui de sa réserve – nous nous contentions à l'époque de saccharine. Le citron, la cannelle manquaient mais un vin chaud avec du sucre, voilà un breuvage de luxe ! Pour montrer sa reconnaissance, Mère fit goûter le vin chaud à l'officier allemand. Après avoir bu la première gorgée, celui-ci changea d'humeur et il interdit à Mère de servir les prisonniers. Cela était trop bon « pour une bande de cochons », dit-il. Mère s'est retenue pour ne pas lui envoyer le pot avec son contenu dans le visage.

Au moment de repartir, un Américain réussit à déjouer la vigilance du gardien et il enfourcha une vieille bicyclette adossée à la maison voisine. Il monta vers l'église puis se dirigea vers les vignes et les champs. Les poursuites furent vaines, les Allemands ne le retrouvèrent jamais. Nous avons appris plus tard qu'il avait réussi à rejoindre les lignes françaises. Une chose était sûre, cela sentait la Libération.

Les deux voitures du village

Pendant ces cinq années de guerre, les vrombissements de moteurs furent absents. A part les engins de guerre, il n'y avait pratiquement aucun véhicule motorisé qui aurait pu circuler sur les routes, encore moins dans le cœur du village. Au début de la guerre il y avait deux voitures dans la commune. La première appartenait à Léon Christmann, qui faisait le taxi pour les extrêmes urgences. La deuxième était celle du curé qui l'utilisait pour ses loisirs personnels. Cela ne dura pas très longtemps car l'essence se fit de plus en plus rare. Les voitures furent remises au fond de la grange. La seule voiture qui circulait encore était celle du médecin de Soultzmatt, qui venait en déplacement à Osenbach une fois par semaine. Les familles allaient solliciter une visite chez l'épicier qui renseignait alors le médecin. C'était également le magasin de l'épicier qui faisait office de cabine téléphonique. Il n'y avait qu'un seul téléphone au village, et c'était chez lui.

Quand nous allions chez le médecin, c'était à pied et il fallait parcourir trois kilomètres. Je me souviens être allée chez lui pour un panaris qui me faisait souffrir énormément. Mère m'avait accompagnée tout le long de la route. Les temps ont changé mais à l'époque, c'était tout naturel.

La bicyclette de Mère, qui était en remise dans la cave, était un véritable trésor, une « Rolls Royce » qu'aucun d'entre nous n'avait le droit d'utiliser, sauf pour aller chercher des médicaments à la pharmacie de Rouffach. Quand l'honneur me revenait d'utiliser cette bicyclette, c'était toujours un grand événement. Seulement voilà, la selle n'était pas adaptée à ma taille. Qu'importe, je pédalais hors selle. Je comptais les tours et après vingt tours je me reposais – elle avait un système de freinage spécial où il fallait faire un blocage arrière avec la pédale. Je frimais quand je passais à Soultzmatt et Westhalten. Je voulais épater les autres jeunes qui, eux, n'avaient pas ma chance.

Les moyens de locomotion étaient pratiquement inexistants vers la fin de la guerre. Les autorités allemandes avaient même trouvé le moyen de réquisitionner les chevaux chez les paysans. Bon gré mal gré, ces derniers devaient se plier aux ordres et céder leurs biens les plus précieux. Souvent les colonnes de transport risquaient de se faire bombarder par de tous petits avions, je crois qu'ils étaient anglais. Vers la fin de la guerre, alors que les troupes allemandes commençaient à faiblir et que leurs heures de gloire s'estompaient peu à peu, la chance souriait à l'un ou l'autre propriétaire de chevaux. Il pouvait récupérer son animal, sain ou malade. Personne ne le dédommageait du préjudice subi et personne ne parlait d'injustice. Tout le monde n'avait qu'une hâte : que cette maudite guerre finisse et que la quiétude revienne au village.

La débâcle au réveil

Deux ou trois jours avant la Libération, la tension nerveuse était palpable. L'ambiance devenait de plus en plus mystérieuse. Le bruit courait que les militaires français n'étaient plus très loin et que la Libération approchait. Notre maison était pratiquement confisquée par les Allemands. Une estafette allemande avait annoncé à Fernande, à titre confidentiel, que la bataille était imminente et que la zone d'approche n'était plus qu'à quelques kilomètres. Des militaires allemands qui occupaient notre maison ont tenu à rassurer Mère sur la situation soit-disant dangereuse. Ils lui ont conseillé de cadenasser l'étable pour que personne ne nous vole la vache, et de fermer la porte de la chambre des filles à double tour. Que voulait dire toute cette mascarade ? Nous eûmes la clef de l'énigme la nuit suivante. Les deux « gamines » – nous étions ainsi appelées pour nos aînés – Maricharde et moi-même, étions couchées au premier étage. Nous dormions d'un profond sommeil quand Mère est venue nous réveiller vers quatre heures du matin. Il faisait très froid. Elle a ouvert les volets en disant : « Les enfants, levez vous et regardez par la fenêtre, il se passe quelque chose d'étrange. Ceci, vous ne le reverrez plus jamais de votre vie. »

Pendant des heures et des heures, les militaires allemands battaient en retraite. Ils n'avaient qu'une hâte, c'était de pouvoir traverser le Rhin le jour même pour rentrer en Allemagne chez eux. Je ne sais pas combien de centaines d'hommes sont passés à pied devant chez nous. Les colonnes étaient si denses qu'on aurait pu marcher sur leurs têtes pour aller chercher de l'eau à la fontaine de l'autre côté de la rue. Nous avons su plus tard que les Américains avaient encerclé toute une armée allemande et que la poche de Colmar s'était vidée de ses occupants indésirables. C'était un passage par monts et par vaux. Ils auraient pu se faciliter la tâche en restant dans la plaine. De toute façon, ils ont tous été faits prisonniers avant de pouvoir enjamber le Rhin.

La candeur de Marraine

Il y avait un va-et-vient indescriptible, une animation constante et un grand désordre parmi les militaires allemands qui occupaient notre maison. Ils étaient comme tétanisés, la peur d'être fait prisonnier les hantait. Peut être s'imaginaient-ils que les libérateurs allaient leur faire subir les sévices qu'ils auraient, eux, fait endurer. En tous les cas, la veille de ce jour tant attendu, les locataires du moment se rassemblèrent dans la cuisine pour un ultime débat sur leur retraite. Tout se passait dans le calme quand soudain la porte de la cuisine s'ouvrit dans un grand fracas et deux S.S.[6] apparurent, comme deux spectres. L'expression de leur visage ne présageait rien de bon. Marraine, qui avait tourné le dos au spectacle, ne réalisa pas tout de suite dans la pénombre qui ils étaient. Elle s'avança vers eux en leur disant : « Etes-vous prêts pour le voyage ? » Croyant qu'elle voulait les narguer, l'un deux sortit son pistolet pour l'exécuter. Mère, avec son courage habituel, s'interposa en déclarant : « Ne voyez pas que cette pauvre femme ne possède pas toutes ses facultés ? » Elle

---

[6] S.S. : Unités d'élite de combat de l'armée allemande composées de volontaires.

la faisait passer pour folle. Le subterfuge de Mère réussit.

Quant aux militaires présents, ils ont prié les officiers d'évacuer la maison sur le champ en déclarant que, pour le moment, c'étaient eux qui occupaient les lieux. Les deux S.S. voulurent faire valoir leur droit d'officier mais ils furent vite mis à la porte par le reste de la compagnie. Mère et nous autres, les jeunes, suivirent la scène depuis la fenêtre de la salle à manger. Les S.S., furieux, vociférèrent des menaces : « Cette maison sera minée cette nuit », crièrent-ils. Nous fûmes à l'affût toute la nuit. Dans tout ce tohu-bohu rien ne nous échappait. Dans la débâcle le lendemain matin, les gradés de passage firent halte dans notre cour. Ils rentraient dans la buanderie pour se défaire de leurs galons et autres insignes. Ils avaient l'air hagard, la faim, le froid, la peur se lisaient sur leur visage.

Le cinq février 1945

Le cinq février 1945 vers dix heures, j'étais avec Mère au grenier. Par la fenêtre, j'ai vu un soldat allemand avec deux boîtes de conserve sous le bras, qui nous faisait signe. Mère me dit : « Nous ne pouvons pas laisser ce jeune garçon dans la rue, allons voir ce qu'il veut. »

« Je me suis égaré », dit-il, « j'ai perdu mon unité. Je ne sais absolument pas où je me trouve, pouvez vous me montrer une carte ? » Il était jeune, entre vingt et vingt deux ans. Mère l'a installé à la cuisine et lui a demandé s'il avait des munitions sur lui. Il avait deux grenades dans la poche de son manteau. Mère a pris soin de les mettre en lieu sûr. Ensuite elle lui a expliqué la situation. Les derniers militaires qui avaient occupé la maison et qui n'avaient plus rien à perdre avaient informé Mère et mes deux grandes sœurs de l'avancement des troupes alliées. Nous savions que les libérateurs étaient aux portes du village. Mais ce que nous ne savions pas, c'est que la veille au soir, les artilleurs français avaient déployé une armada de chars sur les hauteurs pour éventuellement raser le village en cas de forte résistance allemande. Tout était organisé, ils n'attendaient qu'un signal pour faire feu. Le destin l'a voulu autrement et nous avons été épargnés. Les envahisseurs avaient pris la poudre d'escampette, il restait à peu près une vingtaine d'Allemands dans le village.

Ce cinq février 1945, vers midi, nous étions prêts à nous mettre à table lorsque nous avons entendu des cris. « Ils sont là, ils sont là ! » J'étais à la fenêtre qui donnait sur la place et j'ai suivi le spectacle. Les soldats français qui cavalaient dans toutes les directions, la mitraillette à la main, prêts à tirer à tout moment. Ils longeaient les murs et guettaient le moindre mouvement suspect. Irène monta au premier étage et ouvrit les volets, qui étaient encore clos de la veille. A ce moment précis, je vis un soldat qui pointa sa mitraillette vers notre maison. Irène avait commis une maladresse qui aurait pu lui être fatale. « Cachez vous », lui cria-t-il, craignant une éventuelle riposte allemande.

Ne trouvant pas de résistance ennemie dans le village, les libérateurs étaient acclamés, salués. Fernande était sortie pour chercher l'un d'eux afin qu'il vienne à la maison pour mettre fin au calvaire d'un jeune allemand. Il tremblait de peur et n'arrivait pas à avaler le repas que Marraine lui avait préparé. A la vue du soldat français, l'allemand s'est levé d'un bond, les mains en l'air, figé et raide comme un piquet. Le soldat français lui dit en alsacien : « Assieds-toi et finis ton repas. Tranquillise-toi, nous n'allons pas te manger. » Ce soldat français était un alsacien engagé dans la première armée, il était de Sausheim. Il lui demanda s'il avait des munitions et des armes. Le jeune allemand a posé un canif sur la table. « Cache-le dans ta botte », lui dit-il, estimant que cela n'était pas bien dangereux. Il avait aussi une petite fiole de schnaps au fin fond de sa poche. « Bois-le pour te donner du courage », continua-t-il. Il l'a ensuite emmené et il l'a fait monter dans un camion militaire qu'occupaient d'autres prisonniers. Sur la tourelle d'un char positionné au côté de ce camion se tenait un militaire noir. C'était la première fois de ma vie que je voyais un homme de couleur. Je ne voyais que le blanc de ses yeux et une rangée de dents blanches. Il avait un regard rassurant et un sourire malicieux. Pour s'amuser il pointa le canon de son char vers le camion et ses occupants. Pourquoi n'avais-je plus peur à ce moment-là, alors que je voyais que les prisonniers se recroquevillaient en attendant la fin ? J'avais bien compris que ce n'était qu'un jeu.

Cette euphorie et cet enthousiasme qui régnaient à ce moment là ne furent que de courte durée pour la famille Kaiser. Je me tenais près du portail de la cour avec Mère pour réceptionner les petits trésors que les libérateurs extirpaient aux prisonniers allemands avant de les loger dans les camions quand soudain notre petite cousine Simone vint en courant nous annoncer la mort de notre frère Léon. En regardant la place, nous avons vu Fernande, en pleurs, et nous avons compris que la nouvelle était malheureusement vraie.

Fernande se trouvait mêlée à la foule sur la place quand un soldat libérateur s'est approché d'elle et lui a demandé si elle avait un frère engagé dans l'armée française. Elle répondit vaguement car cela faisait presque quatre ans que nous étions sans nouvelles de nos frères restés dans la région lyonnaise. « Pourquoi me demandez-vous cela ? » lui dit Fernande. « Il existe une telle ressemblance entre vous et un de nos gars, un nommé Sylvain. » Il lui apprit que Sylvain – c'était un nom d'emprunt qu'il avait pris pour protéger le reste de sa famille au cas où il aurait été fait prisonnier – était mort. Léon Kaiser, alias Sylvain, est mort à vingt deux ans à Bitschwiller-les-Thann au pied du col du Hundsruck, à quarante kilomètres de son village natal.

Un hommage au courage de Léon Kaiser, alias Sylvain, mort quelques semaines avant la fin de la guerre.

Ce sont ses camarades qui ont libéré Osenbach et c'est son char qui est rentré en premier dans le village. Son bataillon était passé par l'Afrique du Nord, la Sardaigne, la Sicile, la Corse, l'Italie et la France, et ce fut lors des derniers combats, six semaines avant la Libération, que le destin nous ravit notre frère.

Il fut honoré à titre posthume pour ses actes de bravoure, notamment pour être entré dans la ville de Belfort, sous les feux ennemis, et avoir désamorcé *in extremis* les charges explosives posées par les Allemands sous un pont stratégique de la ville.[7]

---

[7] En 1946, une délégation militaire vint à Osenbach rendre hommage à Léon. Il fut décoré à titre posthume de la médaille militaire et de la Croix de guerre avec palme.

Nous n'étions pas le dernier village à être libéré, il restait Soultzmatt, distant de trois kilomètres, qui connaissait une forte résistance allemande. Après une courte pause à Osenbach, le grand nettoyage reprit et quatre soldats français trouvèrent la mort pour libérer ce village. Les blessés furent transportés vers l'arrière du front, ici à Osenbach. Je me souviens de l'adjudant Martin, celui-là même qui nous avait annoncé la mort de Léon, assis à la cuisine sur une petite chaise, blême. Le médecin militaire lui administrait les premiers soins ; il était blessé au visage et le sang ruisselait sur ses joues. Une balle tirée par l'ennemi lui avait fait voler ses lunettes ; il avait une profonde éraflure sur le nez et son bras gauche était criblé de balles.

Au fil des heures, même si le calme était revenu, il régnait toujours une certaine euphorie. Nous avions décidé de sortir le drapeau français qui avait été caché et empaqueté durant ces longues années de guerre. Clément avait descendu la hampe du grenier, tout était prêt, il ne manquait plus que les punaises pour fixer cette précieuse toile.

Une rare photographie de Mère (troisième à partir de la droite), prise lors de la cérémonie de commémoration pour mon frère Léon.

Fernande, Mère, Irène, Clément, tout le monde se mobilisa pour les chercher. Il avait une seule personne qui savait où elles étaient, et c'était moi. Oui, je les avais subtilisées et bien cachées dans ma poche. Nous avions entendu que, dans certains villages qui avaient été libérés, quand l'armée libératrice était forcée de battre retraite et que les Allemands reprenaient le dessus, ils fusillaient toutes les personnes qui avaient sorti le drapeau tricolore. Quand tout danger fut écarté, je sortis ma petite boite. Le drapeau fut installé et Clément monta au grenier pour chercher un vieux gramophone qui émit une Marseillaise bien éraillée, mais qu'importe, le patriotisme avait pris le dessus !

En début d'après-midi quelques chars passèrent. J'entends encore le grincement des chenilles de ces engins qui labouraient la route. Cela faisait longtemps que nous n'avions plus entendu de vrombissements de moteur. Du haut de ces chars, des soldats saluaient la foule et envoyaient des barres de chocolat aux villageois qui les ovationnaient. Malheureusement je me trouvais du mauvais côté de la rue. De manière impulsive, je décidai de traverser la route et fus surprise de la vitesse à laquelle un char s'approcha de moi. Ma gourmandise du moment faillit m'être fatale. J'ai échappé de justesse à la mort, et tout cela à cause d'un peu de chocolat dont j'avais pour ainsi dire oublié le goût.

Vers la soirée je devais aller chercher le lait au dépôt de l'autre côté du village. J'étais presque arrivée lorsque je vis une lueur accompagnée d'une détonation. Je me suis collée contre un mur, la tête cachée entre les mains. Une peur épouvantable me tenait, je grelottais. Il y avait un char positionné juste en face de moi qui crachait des obus vers Soultzmatt. De très longues flammes sortaient par cette gueule de feu. C'était la panique totale. Soudain une main se posa sur mon bras. Je réalisai que je vivais encore. Un soldat me souleva en me disant : « N'aie pas peur, ma petite, c'est nous qui tirons. » Il m'accompagna à la distribution de lait et jusqu'à la maison. Il me parlait en français mais je ne compris presque rien de ses paroles réconfortantes. J'avais perdu l'usage de la langue française pendant ces quatre longues années de guerre.

Cinquante ans après la Libération, une délégation du bataillon de choc est venue rendre hommage à mon frère inhumé à Osenbach sur la tombe familiale. Lors de la réception qui suivit la cérémonie, un des ses anciens combattants eut une longue discussion avec moi, et notamment il évoqua le souvenir d'une petite fille qui avait paniqué quand elle s'était retrouvée si près des tirs de canons. « Cette petite fille, c'était moi », lui ais-je alors dit, en l'embrassant en guise de remerciements bien tardifs.

Le chewing gum

Les jours qui suivirent la Libération nous apportèrent de nombreuses découvertes. Les uniformes des militaires étaient très différents de ceux que nous avions vus sur le dos de nos adversaires. Ce qui me choquait le plus, c'étaient les petites guêtres qu'ils portaient.

Nos libérateurs essayaient de nous faire plaisir en nous offrant des chewing gum. Nous ne connaissions pas du tout cette petite tablette flexible de laquelle émanait un parfum de menthe. Nous tâtions, nous sentions, qu'est ce que cela pouvait être ? « C'est sûrement à faire infuser », nous disait Marraine. Nous avons commencé à mâcher, même Marraine s'était rangée de notre côté. Quel régal ! Nous comprenions enfin pourquoi les militaires mastiquaient sans cesse.

Dans notre enthousiasme nous n'avons pas tout de suite prêté attention à la désolation de Marraine qui n'arrivait plus à mouvoir son appareil dentaire – appareil de fortune fabriqué pendant la guerre par un dentiste qui travaillait au noir. Il était comme soudé, la pauvre. Elle arriva à le nettoyer et jura de ne jamais plus se laisser tenter par cette petite sucrerie.

Le goumier

L'armée française s'était dotée d'un contingent militaire recruté en Afrique du Nord parmi la population indigène, pour renforcer leurs unités. C'étaient les GOUM[8]. Ces soldats portaient des djellabas – robes longues à capuchon – marron chiné de blanc ainsi que des turbans comme couvre-chefs. Ils étaient montés sur de petits bourricots auxquels ils avaient pris soin de bien bâter la charge. Dans mon inconscience et ma candeur, je ne vis aucun mal à répondre aux signes que me fit un goumier de l'autre côté de la rue. J'étais à la fenêtre de la salle à manger. Un petit salut d'amitié, peut être même un petit bisou envoyé car, après tout, c'étaient nos libérateurs. Toujours est-il que ce goumier descendit de son âne et fit irruption dans la salle à manger. Il avait probablement des idées mal intentionnées. Je fus tellement surprise que je n'eus pas le temps d'aller à la cuisine où se trouvaient le reste de la famille et quelques militaires français. Je ne pus émettre aucun son, j'étais muette de peur. En voyant son regard insensé et ses yeux injectés de sang, je fus prise de panique. Une course folle s'engagea entre nous deux, autour de la table, heureusement large et carrée. Du haut de mes quatorze ans, je sentais bien que ce n'était pas un jeu. Cette course dura

---

[8] A l'origine, le mot goum vient de l'arabe *qum* qui signifie "se tenir debout".

un petit moment jusque ce qu'un gradé français alerté par le bruit apparut dans l'entrebâillement de la porte. Il pointa son pistolet en direction du goumier qui s'immobilisa. J'appris qu'il fut lourdement puni. Moi, j'étais quitte pour ma peur, mais quel mauvais souvenir !

L'après-guerre

La guerre était soit-disant terminée pour nous, mais les plaies n'étaient pas encore refermées. Nous avions trop souffert du manque de tout. Le pain blanc n'était pas pour tout de suite. Le gouvernement de l'époque avait demandé de la farine aux Américains. Nous avions été ravitaillés mais avec de la farine de maïs, à cause d'une erreur de traduction : le mot « céréale » avait été traduit par « corn » en américain, qui signifie « maïs ». Le pain n'était plus noir mais jaune, et tout aussi infect à manger. Nous l'appelions le pain Ramadier, du nom du ministre du ravitaillement en 1945. Les cartes d'alimentation étaient encore de rigueur ; certes les rations étaient plus généreuses mais le choix des aliments laissaient à désirer.

Mère devait résoudre des problèmes difficiles, quelques fois ardus, pour ne blesser personne au sein de cette grande famille qui commençait petit à petit à se reconstituer. Il était question de mon éducation. J'entends encore ma mère dire de moi : « Elle est française mais ne parle pas bien la langue. Je vais la mettre au pensionnat, je ne peux pas la laisser sans aucune instruction. » De ma prime enfance jusqu'à l'âge de quatorze ans je suis passée quatre fois du français à l'allemand et vice versa.

Au pensionnat je fus prise en charge par des religieuses. Elles avaient beaucoup de mérite à enseigner la langue française à des dizaines de jeunes de treize, quatorze et quinze ans. Nous commencions avec de petites poésies d'école maternelle, des dictées illisibles car truffées de fautes. Nous étions toutes à la même enseigne. Nous n'avions de nouveau plus le droit de parler un mot en alsacien, notre langue maternelle. Nous avions même un badge qui circulait de l'une à l'autre pendant la recréation. Lorsque c'était à mon tour de détenir ce badge, je n'avais qu'une hâte, c'était de l'épingler à une autre élève prise en flagrant délit. Après un an de travail acharné, mes études terminées, je dus aller travailler.

Le retour du collabo

Quand la Libération approcha, les collaborateurs ont essayé de trouver refuge de l'autre côté du Rhin, croyant sans doute qu'ils allaient être reçus à bras ouverts. Grande fut leur déception. Les Allemands en avaient assez eux aussi de cette guerre et ils ne voulaient pas s'occuper d'un problème qui n'était plus le leur. Il ne restait plus aux « collabos » d'autres choix que de reprendre le chemin du retour, après avoir erré quelques mois dans le pays de Bade, en face du Rhin, en attendant que les choses s'apaisent. Les dénonciations et les humiliations n'étaient pas tombées dans les oubliettes. Quand Verala (diminutif de Xavier), le plus redoutable des collaborateurs, revint à Osenbach, la nouvelle se répandit comme une trainée de poudre. Un sentiment de vengeance persistait dans le cœur de ceux qui avaient été vendus aux nazis, comme ces pères de famille qui avaient été obligés de servir en Allemagne parce que Verala les avait dénoncés. Il a fallu l'intervention de la gendarmerie pour éviter qu'il ne se fasse battre. Avant l'intervention des gendarmes, notre frère Arsène l'avait ramené à la maison pour qu'il se mette à genoux devant Mère pour lui demander pardon. Des années auparavant il avait prédit à Mère qu'elle viendrait s'agenouiller devant lui. Les rôles étaient inversés et ce fut avec un profond mépris que Mère le congédia. Son calvaire n'était pas fini. Les gendarmes l'installèrent dans leur voiture en laissant les fenêtres ouvertes. Beaucoup se défoulèrent et lui donnèrent une leçon. Verala n'en menait pas large. Les dernières injures et coups de poing lui ont été donnés par une viticultrice que les badauds avaient cherchée dans les vignes. Verala avait dénoncé son mari. Le calme peu à peu revint parmi les familles, satisfaites de l'illusion d'avoir vengé les leurs. Quelques mois après ces faits, Verala revint au pays. Il fut ignoré par tous les villageois. Ce fut une vengeance muette qui lui donna le temps de réfléchir à sa bêtise.

Les Malgré-Nous

Le cri de victoire fut timide, voire quasiment absent dans des milliers de foyers alsaciens qui subirent les affres de la douleur et de l'humiliation durant de longues années de guerre. Certaines questions étaient restées sans réponse. Qu'étaient devenus nos jeunes enrôlés de force dans l'armée allemande, les Malgré-Nous, ces

130,000 Alsaciens et Mosellans[9] dont les parents étaient sans nouvelles depuis des mois ? Plus de 40,000 soldats étaient morts au front, 35,000 furent blessés et 10,000 se seraient évadés[10]. Qu'était-il advenu des autres, portés disparus ? Etaient-ils morts ? Ou avaient-ils été faits prisonniers par les Russes ? Cette dernière éventualité restait le grand espoir des familles qui attendaient le retour d'un miraculé. Les autorités civiles et militaires n'étaient pas en mesure de leur donner une réponse, ignorant eux-mêmes ce qu'il était advenu de ces milliers de prisonniers qui végétaient dans les camps en Russie.

Le mari de ma sœur Irène, André, fut un de ces Malgré-Nous envoyés dans les camps russes. Il fut assigné au tristement célèbre camp de Tambow, à quelques 450 kilomètres au sud de Moscou. Il lui a fallu plus de trente ans pour pouvoir se libérer de ses souvenirs et pour pouvoir parler librement de ces années douloureuses, tant le traumatisme infligé fut profond. Ce qui suit est basé sur son témoignage.

---

[9] Estimation donnée par l'historien français Pierre Rigoulot, dans son livre "La tragédie des Malgré-Nous", Denoel, 1990.
[10] Estimation donnée par George Bernys, ancient préfet du Haut Rhin, dans son "Recueil de souvernirs", ADEIF, 1955.

Lors de la débâcle allemande au front russe, nombreux furent les soldats allemands en errance. Croyant bien faire et n'ayant pas d'autres solutions, ils se rendirent aux Russes volontairement, sans savoir ce qui les attendait. Ils furent mutés dans des camps, où beaucoup d'entre eux ne purent supporter le régime strict et astreignant qui y régnait.

A Tambow, il y avait environ 120 baraques, chacune comptant une centaine de prisonniers. Tous les matins, la liste des défunts s'allongeait de six à huit par baraque. Les camarades qui partageaient leur sort s'occupaient de la triste besogne de les évacuer sur des charriots de fortune. La sépulture était plus que modeste, une grande fosse creusée par les survivants servait de tombe collective. Aux plus chanceux il restait l'espoir, cet espoir qui fait vivre quand il s'accompagne du courage d'endurer des sévices qui dépassent toute imagination.

Les détenus étaient obligés d'aller faire du bois dans la forêt. La température, durant cet hiver 1944-45, descendait jusqu'à moins quarante degrés Celsius. Ils n'avaient pas d'outils adaptés et ils durent se fabriquer des machettes dans des tôles qu'ils affutaient à l'aide de pierres trouvées sur place. Après le travail, la récompense venait sous la forme d'une double ration de soupe, qui se composait principalement d'orties et de poissons.

Les prisonniers étaient également forcés à travailler dans les kolkhozes, ces coopératives russes mises en place à l'origine par Staline pour les paysans. Ils étaient obligés de travailler la terre et s'occuper des champs. Si la surveillance n'avait pas été si rude et les réprimandes si brutales, les prisonniers n'auraient rien laissé de comestible dans les champs, tant ils étaient tenaillés par la faim. Celui qui n'arrivait pas à résister payait de sa vie et était passé par les armes. Il devait creuser sa propre tombe.

Ces pauvres prisonniers ont croupis dans ces camps huit long mois après l'annonce de la défaite de l'Allemagne. A l'automne 1944, le général français Petit visita Tambow et réussit à libérer 1,500 Alsaciens et Mosellans. Le transit se fit par l'Algérie où l'armée anglaise les réceptionna et les engagea dans son armée. Les autres malchanceux restèrent les otages de Staline jusqu'au mois d'octobre 1945.

Enfin le rapatriement ! Habillés par les Russes, ils partirent dans des wagons à bestiaux. Il n'était pas rare que l'un ou l'autre succombe pendant le transport et que ses camarades le laissent glisser sur le ballast hors du wagon. C'était encore les Anglais qui les réceptionnaient à la frontière germano-polonaise. Ils furent mis ensuite dans des trains plus décents, destination la France, via la Belgique. Puis transportés en camions jusqu'en Franche-Comté, ils furent enfin libérés comme des vagabonds, sans papiers ni argent. André, qui est originaire de Wintzfelden, prit le train à Chalon-sur-Saône avec quelques copains d'infortune, destination Mulhouse. Il était seul à continuer son chemin jusqu'à Rouffach, l'ultime étape de son périple.

C'était un dimanche, les promeneurs avaient l'habitude d'emprunter la route qui menait à la gare de Rouffach ; une allée invitait à la promenade sous l'ombre des platanes. Ma sœur Irène fut comme poussée par la curiosité ce jour-là et elle alla faire un tour à la gare. Il n'était pas rare qu'un ou l'autre survivant refasse surface. En approchant des rails, elle distingua un attroupement. Curieuse, elle se dirigea vers les badauds et constata avec stupéfaction qu'il y avait un rescapé. Effrayée de voir un être humain aussi diminué, il lui fallut du temps avant de réaliser que c'était André, le frère de son fiancé, tué au front en Italie sous l'uniforme vert de gris. Il ne pesait plus que trente kilogrammes. Même sa mère eut du mal à reconnaître son fils dans cet état déplorable. Pour le remettre sur pied, elle lui servit des bouillies comme on l'aurait fait pour un nouveau né.

Il n'y avait aucune autorité, même civile, pour accueillir ces hommes ; aucune prise en charge, aucune cellule d'aide psychologique. Une association des anciens de Tambow a été créée en Alsace-Lorraine. André et Irène se sont retrouvés et se sont mariés quatre ans après ces années de malheur.

Le défilé de Colmar

Après la Libération, les gens eurent envie de renouveau et de reprendre goût à la vie. Les jeunes – et les moins jeunes – se retrouvaient toutes les fins de semaine pour aller danser dans les bals qui florissaient dans toutes les villes. Des nouvelles danses, comme le swing et le fox-trot, avaient fait leur apparition et remplaçaient désormais les valses et les marches plus traditionnelles. C'étaient des pas de danse nouveaux, très rythmés, inspirés du jazz américain. Cette euphorie, cette façon de danser où la cavalière virevoltait dans tous les sens, tout cela m'intriguait beaucoup.

La ville de Colmar avait organisé un grand défilé militaire pour fêter la Libération. Il y avait là des maréchaux, des généraux et tous ceux qui avaient participé à cette grande chasse à l'ennemi. Ma sœur Maricharde et moi avons supplié Mère pour assister à ce grand spectacle qui promettait d'être très divertissant. C'était, je crois, le premier anniversaire de la Libération. Il faisait froid ce jour là, très froid. Le champ de Mars était réservé aux différent corps d'armes. L'ambiance qui régnait était tellement forte et solennelle que l'émotion nous gagna. Que c'était beau ! Le patriotisme et l'enthousiasme étaient à leur apogée. Les places et les maisons étaient pavoisées en bleu, blanc, rouge ; quelques Alsaciennes et Alsaciens en costumes traditionnels avaient le privilège d'être au premier rang (le costume alsacien avait été banni pendant l'occupation). L'ordre du défilé fut enfin annoncé. C'était la première fois que je voyais une parade militaire aussi impressionnante. J'étais stupéfaite de voir autant de discipline parmi les soldats. Ce qui me marqua beaucoup fut la mascotte qui précédait le régiment des tirailleurs marocains, un bouc paré de ses plus beaux atouts, pompons, rubans, etc. La présence d'une grande délégation militaire américaine fut le point culminant du défilé. Leurs uniformes moulaient leurs corps, leurs chaussures étaient reluisantes, ils avaient des guêtres blancs et un petit foulard bleu ciel. Les musiciens qui accompagnaient chaque unité jouaient des instruments en tous genres, comme le soubassophone. Je ne connaissais que les cuivres de la musique municipale du village et les clairons des pompiers. Le soir venu, je repris le bus, destination Osenbach, la tête pleine de souvenirs et le cœur léger.

Epilogue

Je vous ai narré les événements de ma jeunesse tels que je les ai vécus, sans dramatiser. Aussi étonnant que celui puisse paraître, j'ai trouvé ma part de bonheur dans toutes ces péripéties, vécues il y a près de soixante dix ans.

Je ne veux pas terminer ce récit sans rendre hommage à Mère qui, par son intelligence et son courage, a toujours su maîtriser les situations difficiles et dangereuses. Même si elle a fait preuve d'une sévérité draconienne à notre égard, elle a toujours veillé à notre éducation.

De par son autorité, elle nous a munis d'un bagage précieux, une bonne leçon de civilité, et je l'en remercie.

Soultz, septembre 2008

Remerciements

Je voudrais remercier mes enfants, Colette et Bernard, et ma nièce Yvette qui m'ont encouragée à écrire ces mémoires. Je remercie également mon amie Adrienne qui m'a incitée à les faire publier.

Merci à Joseph, mon mari, pour sa patience et pour son aide informatique.

Enfin, je voudrais exprimer toute ma gratitude à ma belle fille, Virginie Drujon-Kippelen, qui m'a soutenue dans ce travail d'écriture, et qui a édité et mis en pages mon texte.

Auteur

Aurélie Kaiser-Kippelen vit à Soultz, dans le Haut-Rhin, en Alsace. *Les Mémoires d'Aurélie* est son premier livre.

www.ingramcontent.com/pod-product-compliance
Lightning Source LLC
Chambersburg PA
CBHW021019090426
42738CB00007B/829